Lôn Fain

Dafydd John Pritchard

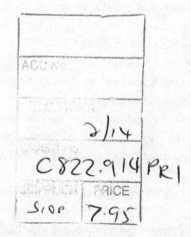

Dymuna'r awdur ddiolch i Lenyddiaeth Cymru am ddyfarnu Ysgoloriaeth i Awduron iddo er mwyn ysgrifennu peth o gynnwys y gyfrol hon.

Gyda diolch i *Taliesin* am ganiatâd i gyhoeddi'r cerddi canlynol:
'Culloden via Tesco', 'Riga' (Rhifyn 133, Gwanwyn 2008)
'Ias' (Rhifyn 131, Haf 2007)

ISBN 978-1-90639-664-0

Cyhoeddwyd gyda chymorth ariannol Cyngor Llyfrau Cymru.

Cyhoeddwyd gan Gyhoeddiadau Barddas.
Argraffwyd gan Wasg Dinefwr, Llandybïe.

CYNNWYS

■ CARDIAU POST

▪ SONEDAU'R MACHLUD

Er cof am Alan

Nadolig Gwyn 2010

O ffenest ffrynt 22 Stryd Newton,
heibio'r tai, heibio'r ceir llonydd,
heibio mwg simneiau
aelwydydd 'styfnig y tanau agored,

a heibio crawc a rhemp y brain
a'r gwylanod, heibio'r toeau trwm
a'r gwifrau trymlwythog, heibio'r
pentref hwn i gyd ar fore Gŵyl,

mae'r Garn a'r Glyder Fawr yn berffaith wyn;
achos dyna a ddywedwn ni.
Fe hoffwn innau feddwl fod y Garn
a'r Glyder Fawr yn wyn perffaith.

Cwch pleser wedi'i angori ar Lyn Padarn
ym mis Rhagfyr

Does dim bywyd arno, dim pobl, dim arian chwaith.
Dim chwerthin plant na chrio.
Dim byd ond llyn mawr llonydd – dyna natur hwn – a phluo eira.
Dim byd ond rhai yn sylwi'n gyflym ar ei wep o'r lan,
a hwythau'n cael eu llusgo gan eu cŵn neu'r plant
ond â'u meddyliau i gyd yng ngwres eu tai;
heb amser, wir, i glywed tonnau mân
yn taro'n bob o beltan lipa wrth eu traed.

Ond mae yna un â'i gôt yn dynn
sydd yn edrych heibio i'r cwch.
Ai syllu mae o ar y lan yr ochr draw?
Neu ar y llethrau lle mae'r coed yn noeth?
Neu ar lechi oer Dinorwig o dan eira i gyd?

Neu a welodd hwn, hefyd, ryw un bluen wen
yn tanio'n goelcerth yn y dyfroedd llwyd?

Llaeth enwyn
(8/2/11)

Yn blant, fe gaem ni weithiau brofi
surni hwn yn rhodd gan fferm y Fron.

Nid uchafbwynt fy mhlentyndod i na neb, mae'n wir.
Nid blas sy'n llamu'n ôl i'r cof

ar nos o haf; nid atgof melys ynddo'i hun
am bentref oedd bryd hynny'n wefr, rhyw wefr gyffredin,

gwefr na wyddwn i ei bod hi'n wefr,
na'i galw'n hynny chwaith; a minnau'n blentyn.

Ond heddiw yn Nhyddewi, a gwynt
mileinig Chwefror yn ei hwyl ar Heol yr Afr

mae tŷ a'i enw annhebygol yn arafu cam:
Llaethenwyn, yn llond ceg o Gymraeg ryw oes

o'r blaen. Ond pan agorodd cyffro'r drws, a'r iaith
mor fain â'r gwynt, fe flasais unwaith eto'r surni i gyd.

Pry' wrth y ffenest ynghanol gaeaf

O ble y daeth hwn yn adenydd i gyd,
yr adenydd gorffwyll yng ngolwg y stryd,
y stryd hwnt i'w afael diafael o hyd?

I ble'r aeth synhwyrau'i dymhorau, a pham
nad yw'n deall – hyd y gwn i – fod nam
ar ei grebwyll; fod amser yn gam?

Mae'n bownsio'n ddiddiwedd lle mae'i ryddid o
yn fwy na themtasiwn, ond mae'r gwydr yn glo
rhwng gobeithion dianc a dryswch y co'.

Ai protest y mudan yw yr hymian hyn
nad yw yn ei ddeall, chwaith? Ei ymdrechion syn.
Ac mae'n bwrw tu allan; hen wragedd a ffyn.

Shibboleth

(ar ôl darllen y gerdd 'Shibboleth'
gan Michael Donaghy)

Ni wyddai un pwy oedd Charles Williams,
na phryd i ddweud Holihed, a phryd Caergybi.
Ni ddeallai batrymau y lonydd rownd Penmon.
Hogia ni? Na, tydi o ddim, felly, nac'di?

Rhyw bethau bach felly sy'n achosi'r trwbwl;
rhyw ddarn o wybodaeth sy'n disgyn o'i le
dros beint bach peryglus wrth ffalsio neu fflyrtio
a hithau'n nos Sadwrn arferol yn dre.

Wrth gerdded rêl boi lawr Stryd Fawr Llangefni
mae 'mhen i'n llawn o bentre' Gaer-wen.
Rwy'n adrodd, yn dawel, enwau'r hogia'n y caffi:
Pat a Janet ac Elsi a Glen.

Abaty Amwythig

'*I am the enemy you killed, my friend.*' (Wilfred Owen)

Yn ôl y nodyn ar y drws, am dri o'r gloch
y caewyd hwn, heddiw eto, yn unol â'r drefn.
Rhy hwyr! Rwy'n cau fy nghôt yn dynn
a chrwydro'n araf heibio i'r cefn,

a heibio'r cerrig beddau blêr, drwy 'chydig fwd
dan draed mewn clwt o fynwent werdd;
nes dod at swp o gerrig, darn o gelf,
sy'n dweud yn galed, fel dy gerdd,

mai uffern ydyw'r hyn a'th hawliodd di yn llwyr.
A minnau'n gwneud dim mwy na mynd am dro,
rwy'n dechrau clywed arswyd drysau'n cau yn glep
gan mai ti, efallai, rywdro, y tu hwnt i'th gerdd a'i lladdodd o.

Ffenestri

Fe ddywedodd Billy Collins – hwnnw
a ddychmygodd dynnu dillad
Emily Dickinson yn araf oddi amdani
ar ddydd Sul tawel, 'stalwm,
yn Amherst –
mai gwaith bardd yw edrych drwy'r ffenest.

Rwyf innau unwaith eto mewn rhyw gaffi,
yng Nghaerefrog y tro hwn,
wedi bachu sedd y bardd
wrth y ffenest hon.

Mae'r niwl yn glynu'n 'styfnig am y stryd
tu allan (ie, dwi'n gwybod, Eliot);
ond mae'n dymor y Nadolig,
ac, felly, 'niwltide' – dyna'r jôc.
Jôc sâl sy'n gweddu i ryw
drip fel hwn; trip cyfeillion.

Ond heibio'n sgwrsio ffwrdd â hi,
heibio mwg ein pedwar *latte*,
ai fi yn unig sy'n dychmygu
y gallai llygaid mawr y ferch
a welaf allan ar y stryd
ddinoethi eneidiau?

Gorwel

Rhywle yn fan'cw ar fôr dychymyg,
tu hwnt i afael emosiynau ffyrnig,
mae cerdd yn 'stwyrian; ond mae'r geiriau'n 'styfnig;

yn rhy 'styfnig. Ym mig y tonnau
eu gweld nhw'n codi, gostwng, diflannu weithiau,
yn boddi, fallai, hwnt i'r ymchwyddiadau;

yn rhy bell i'w cyffwrdd, rhy amwys i'w nabod
na'u cystrawennu. Ond yn sŵn gwylanod
y mae blas yr heli yn hallt ar dafod,

a phawb ym myd eu prysurdeb yn pasio,
a'u cotiau'n dynn, fel cysgodion heibio
i synfyfyrion stond yr un fynnodd stopio ...

A rhywle rhwng fan'cw a'r gwynt a'i rethreg
yn chwip ar wyneb, a diferion aestheteg,
yn ochenaid rhyw don fe ildir telyneg.

Hwyrach

(Eryri, Pasg 2013)

Mae sglein rhew ar eira'r Garn, ond dyfnach,
gwynnach o hyd yw mudandod braw

y Grib Goch. Yng nghysgod hyn i gyd
bûm innau unwaith eto'n driw i'r drefn

gan ddathlu'r *triduum* ar ei hyd – y cofio hardd;
ail-greu, ail-fyw yr hen, hen stori

yn ei lliw a'i hofn; yn ei haddewid hefyd.
Rhoi trefn ar ddryswch rhai, sydd i'w weld

o hyd mewn heulwen gynnes braf a'r gwynt meinaf,
duaf un sydd eto'n mynnu llenwi mynwent.

A bod, hwyrach, y tu draw i'r mudandod llethol,
gwyn, swn rhaeadrau'n pefrio a lilïau'n lliw.

Café Rouge

(Llundain, 17/4/13)

Nid Ebrill ydi'r mis creulonaf.
Rwyf newydd basio heibio'r fan,
yn Bloomsbury, lle bu'r bardd –
yr Americanwr mawr o Sais,

neu'r Sais o Americanwr –
wrthi'n ddiwyd wrth ei ddesg
yn didoli llawysgrifau,
yn mesur dawn, yn rhoi athrylith yn y dafol.

Yn fan hyn, a hen ysgrifbin Sheaffer
yn fy llaw, yn awchu am gael crafu'r
papur hwn, mae llond y lle o seddi gwag
gan fod amser brecwast wedi bod

a darfod. Ond daw ambell un fel fi o hyd
i chwythu'n ddiog, fud
ar ewyn gwyn ein *cappuccinos*
yng ngŵydd cysgodion chwim y stryd.

Fy wyneb – ai fi ydi o? – yn y llwy. Bodio'r nofel
a fu'n gwmni ar y trên. Edrych, weithiau, ar y cloc, gan fod
trefnusrwydd pob prysurdeb mewn dyddiadur eisoes.
Ond syllu ar ddim byd, ac ar y seddi gwag.

CERDDI BELMONT

i. Pererin

Pererin wyf mewn Vauxhall Astra
yn cydio'n dynn wrth obaith y llyw.
Llonyddwch a llonydd yw'r mantra.

Dyma bwrpas eirias y daith: tawelwch.
Tawelwch yn Rheol, yn ffordd o fyw, yn drefn;
a lle yw hwnnw i ddygymod, yn araf, ag arafwch.

Pererin â siec rhyw ysgoloriaeth
yn llenwi ei waled â'i theneuwch hi.
A radio'r car yn adloniant ac ymyrraeth.

Mynd yn sŵn radio a rhethreg rhaglenni,
y dibwys pwysig a'r straeon i gyd –
y lleisiau diarth sydd eto'n gwmni.

Ai mursendod yw hyn? Ai gwiriondeb ffydd?
Gyrru i chwilio am eiriau ynghanol tawelwch,
i weddïo am eiriau, y geiriau cudd.

ii. Stêm

Y tu allan i ffenest fy ystafell fach,
yr ochr arall i'r cwad, a hithau ar fin nosi,
daw stêm yn wyllt o bibell. Ac mae'n wyn i gyd.

Fel 'tai Esgob Rhufain newydd ar ei ffordd
i'n cyfarch, yn dilyn taro bargen eto
rhwng yr Ysbryd Glân a'r cardinaliaid.

Fel 'tai fflyd o offeiriadon am y gorau
a'u thuserau'n llawn, a'u breichiau'n chwifio'n
uchel uwch yr allor.

Neu fel 'tai gweddi'n magu hyder,
ac ni all grym disgyrchiant darfu dim
ar huodledd hon. Hon, sy'n dawnsio ar yr awel.

iii. Matins a Lauds

Rwy'n gynnar eto, i gael gweld pob un
yn pasio heibio yn ei ddu i'w sedd.

Yr un sedd hyd nes y daw diwedd
ar weddïau'r bywyd hwn; yr un sedd, a'r un

litanïau yn eu tro i'w hadrodd
a'u canu; yr un canu digynghanedd

cymhleth o syml. Yr un darlleniadau
a chantiglau ac ymbiliau hefyd.

Ac erbyn hyn fe ddaw drwy'r ffenestri lliw
arlliw o'r wawr yn newydd fel erioed, a sŵn adar.

Yr un 'styfnigrwydd penderfynol
sy'n gwawrio fel hyn dro ar ôl tro ar ôl tro.

iv. Tawelwch

Y peth anoddaf am y bywyd mynachaidd
yw'r tawelwch.
Nid y diffyg siarad; nid y peidio â sgwrsio
dros frecwast; nid y prinder clecs i swper.
Ond y grisiau swnllyd, y lloriau gwichlyd,
sŵn allweddi a chlep parhaus y drysau.

Alla' i ddim dringo'r grisiau,
cerdded y coridorau
na chau'r drysau
yn dawel.

Mae'n rhaid gen i fod yna grefft,
fod yna reddf i'r bywyd hwn
wedi'r cyfan.

v. Offeren

Daw'r rhain,
yr ychydig hyn,
bob dydd:

merched, wrth gwrs,
rhai â gorchudd
am eu pennau;

yna'r ddau
sy'n cydio'n
dyner yn ei gilydd,

law yn llaw,
wrth adrodd
Gweddi'r Arglwydd;

dwy leian,
un â'i ffon i'w harwain
hwy ill dwy

at sedd nad yw'n
rhy agos
at yr allor;

a rhai munudau'n hwyr,
daw yntau'r gweithiwr
yn ei drowsus blêr

a'i siaced lachar,
felen, yn wên
o glust i glust.

A chan mai hwn, am wyth o'r gloch,
yw'r eildro nawr i'r Brodyr
eistedd yn y côr, maent hwythau
yn eu helfen. Ac mae'r allor, lachar, wag,

sydd rhyngom ni a nhw, fel ni, yn aros
am y wyrth sy'n peri rywsut – dyna'r gred –
i gytseiniaid a llafariaid yng ngenau offeiriad
droi'n gân gorfoledd, ac yn glychau'n canu.

Ac yna, allan mewn tangnefedd.
Rhai i'r byd a'i bethau,
ei gwmnïaeth a'i unigrwydd.

O ddilyn Rheol Fawr San Bened:
brecwast, mewn tawelwch.
Mae hynny'n haws.

Caf innau, wedyn,
lusgo 'nhraed drwy ddail y gerddi,
a'm dwylo'n dynn yn fy mhocedi.

vi. Mynwent yr Abaty

Yma y claddwyd pob Dom, Dic a Harri;
a phob Abad hefyd. Y mae'r enwau carreg
dan wynt a glaw awyr lydan fawr swydd Henffordd
yn dechrau pylu. Diflannu. Nid rhethreg

buddugoliaeth sydd i'r beddau hyn. Nid balchder
mewn buchedd a ragorodd ar y rhelyw. Tydi
gorwedd yn fan hyn dan bridd, dan laswellt Henffordd,
iddynt hwy yn ddim ond oedi ar y daith, yn hoe ar weddi.

Y mae degau o dwmpathau pridd tyrchod daear
hyd y lle. Bu'r rhain hwythau'n cloddio'n ffyddlon
o olwg y byd, ac ni all y byd gorbrysur hwnnw gyfri
oriau na gweddïau'r creaduriaid bach yn eu gynau duon.

vii. Glaw

Mae'n bwrw glaw, ac nid yw mynd am dro bach
ar ôl cinio'n opsiwn. Dim awyr iach. Mae'r Brodyr,
bellach, wrth eu dyletswyddau am y pnawn:

yn llnau, gosod trefn ar lyfrgell, a hyn a'r llall
na wn i ddim amdanynt. Ond does dim i'w glywed.
Rwy'n dechrau deall beth yw byw mewn cell!

Fy newisiadau i yw darllen Larkin, y llythyrwr blin,
neu gerddi Billy Collins; gallwn gysgu am ryw awr, peth diarth
yn fan hyn ac yn fy myd fy hun, byd gwaith a biliau,

byd pwyllgor. Ond am y tro fe geisiaf glo i hon.
Fe ddwedaf hyn: mae'r glaw fel gleiniau llaswyr
gwallgof yn y gwynt; a does neb yma all ddeall y geiriau.

viii. Gweddi Ganol Dydd

Rwy'n adnabod pob cerddediad erbyn hyn.
Mae'n help, wrth gwrs, fod rhai bob tro yn brydlon
a bod rhai sy'n mynnu cyrraedd jyst mewn pryd.

Mae mwy o sŵn gan ambell frawd,
rhai sy'n llusgo dod, ac un, o leia',
sy'n gwisgo holl ysgafnder ei sliperi.

Mae rhai yn hen, ond gobeithiol, anffasiynol
o ifanc yw y lleill. Y mae yma un, yn unig,
sydd yn drwm a phrin o wynt.

Ond unwaith y daw pawb i'w le'n y côr,
a phob un benwisg ddu'n gorchuddio'u gwalltiau,
un corff sydd yno, un orchwyl, un weddi.

ix. Gosber

Mae'r gloch alarus, fel pob diwedd dydd,
yn galw unwaith eto, a daw rhai,
y merched, eto fyth, sgarffiog eu ffydd,
i eistedd mewn corneli. Fe ddaeth trai
ar ddiwrnod arall, ac mae'r glaw yn frwnt.
Daw'r Brodyr mewn gorymdaith, pawb i'w sedd,
gan syllu i ryw bellter, a thu hwnt,
a phobun yn ei ddu mor welw'i wedd!
Ac fel pob dydd mae'r Salmau'n eco i gyd
yn bownsio o'r naill ochr am yn ail
nes darfod yn dawelwch mawr o hyd;
tawelwch ddylai ysgwyd byd i'w sail.
A minnau'r sinig, sydd ym mêr pob bardd,
yn canu fy Amen: mae hyn yn hardd.

x. Ffreutur

Nid ar fara'n unig ...
Ond mae angen hwnnw,
ac yn y lle hwn
fe'i ceir heb dwrw

parablu di-baid
rhyw sgwrsio diangen,
dim cario hen glecs
na chynnal hen gynnen;

'mond cyllyll a ffyrc
yn crafu'n ei gilydd,
a sŵn tywallt dŵr.
Dim sôn am y tywydd.

Ond yno'n y gornel
mae un o'r Brodyr
yn darllen o lyfr.
Ac un arall yn rhannu'r

bwyd rhwng y cwmni
a ninnau'n llwyddo i gyfathrebu
drwy ystum llaw
a nòd a gwenu.

A hyn sy'n rhyfedd:
rwy'n cael fy nigoni
â llai ar fy mhlât
gan faint yr haelioni.

xi. Ar waelod y grisiau

Ar waelod y grisiau mae'r clogynnau'n byw.
Y wisg ychwanegol sy'n aros yn rhes
fel cotiau ar fachau mewn ysgol. Peth digon naturiol yw
mynnu rhyw gip bach go sydyn wrth gamu yn nes
at y gornel fach dywyll, a'r dilladau llaes, du
fel ysbrydion yn aros i'w cyrff ddod yn ôl
yn gnawd ac yn esgyrn ac yn waed fel y bu.
Ond buan y camwn hwnt i ryw feddyliau bach ffôl;
does dim byd dychrynllyd yma, wir Dduw,
ar waelod y grisiau lle mae'r clogynnau'n byw.

xii. Cwmplin

'Arglwydd, mae yn nosi, gwrando ar ein cri'
oedd cri'r Hen Gorff yng nghapel fy erstalwm.
Ond yma heno mae'r nodau'n cario'r Lladin
i bob cornel; ac yng Nghapel Mair,

ar derfyn dydd, a chanhwyllau'r dydd ynghynn
o hyd, mae'r Brodyr ar eu traed
yn canu'r weddi olaf un cyn clwydo,
gan adael tawelwch hwyr yr eglwys hon i mi

am funud fach. Ac yno'r dychryn llwyr
wrth ymdeimlo â'r amherffeithrwydd ynof i;
yr hyn a elwid gynt, gan bawb, yn bechod:
a hyn fydd imi'n gwmni'n oriau'r nos.

Ynghyd â'r hyder canol oed y daw un bore bach,
o leia', eto, a gorwelion hwnnw'n wawr i gyd,
a'i olau'n mynnu sleifio i mewn yn ara' bach, yn ganu adar,
yn gloch yn seinio, yn ddydd, yn weddi danbaid arall.

CARDIAU POST

Eglwys Ein Harglwyddes, Brugge

Cael amser i oedi o fewn eglwys hyll
rhwng llwch y canrifoedd a'r hanner gwyll.

Mae rhes o ganhwyllau fel afon ar dân
a phawb yn gwirioni ar y tonnau mân

ac yn mynnu cael llun, a phob awydd yn fflach
sydd un ai yn weddi neu'n freuddwyd gwrach.

Mae'r Forwyn o garreg gan Michelangelo
yn wychder diogel o fewn gwydr clo

sydd tu hwnt i fysedd a gwallgofrwydd y byd,
yr ofnau, y beichiau a'r chwilfrydedd i gyd.

A thristwch yw deall fy mod o fewn clyw
i barablu'r twristiaid a mudandod Duw.

Langemark

(mynwent yr Almaenwyr yn Fflandrys)

Man i'r gelyn gael huno yn dawel,
man i'n Duw gael wylo;
heddiw, cael iaith beddau clo
yn rhy dwt, o raid, eto.

Bardd ar ei wyliau'n trio sgwennu englyn drws nesa' i bram!

Am hir rwy'n chwilio am eiriach, myn Duw,
er mwyn dweud grymusach;
ond pa synnwyr sy'n llwyrach
na chân grwndi babi bach?

Passendale

Dim glaw a dim ogleuon, dim synau,
a dim sôn am ffrwydron,
dim gynau mawr lawr y lôn:
bu rhwd yn lladd sibrydion.

Plant yn chwarae y tu allan i In Flanders Fields Museum yn Ieper

Does dim sy'n fwy gwefreiddiol
na thorcalonnus, chwaith,
na diniweidrwydd, diamod plant.

Bar Vielle Tour

Mewn rhyw ddwy gornel o dafarn ym Moncontour,
a gŵr y tŷ yn cofio clywed canu Cymraeg
mewn gwesty mwy a chrandiach na'r lle hwn,
yng Nghaeredin, a hwnnw'n ganu hardd;

ac yntau'i hun, hefyd, yn chwarae rhyw 'chydig o'r gêm.
A ninnau'n yfed cwrw cartre'r lle, yn ceisio
canmol rhywbeth a regwn draw yng Nghymru,
a sylwi, wrth gwrs, ar y silff lle gwerthai fêl a chaws.

A cheisio clywed y Llydaweg yn yr acen fawr
mewn man sy'n Fynwy ers canrifoedd o ran iaith,
ond mae eu Ffrangeg hwythau'n hardd o hyd, a'i lliwiau
fel y muriau hen yn newid yn yr haul a'r tipyn glaw.

Rhyw lymeitian ystrydebau yw ein gwyliau i gyd,
chwilio'r cyfarwydd sy'n cyfiawnhau'r punnoedd
y bu misoedd tywyll ein gaeafau'n eu cynilo.
Ticio'r bocsys, a stamp mewn pasbort os ti'n lwcus.

Teithio Dramor

(1)

'Escargots!' O'r canon i gyd,
ai hon, y gân hon,
o'r holl ganeuon,
yw fy hoff gân i gan
Ddafydd Iwan?

(2)

'Amiens'. A dyna'i diwedd hi.
Er, o leia'n fan honno bydd gwin
a bara i'w rhannu.
Ond mae llais y twm-twm heddiw'n
sedd y cefn yn fy siarsio'r tro hwn
i basio'r ochr arall heibio.

(3)

A dyma ni 'Bayeux'
yn clywed dim ond calon Ebwy'n
curo eto. A does dim gwahaniaeth
rhwng fan acw a fan hyn
drwy'r conffeti llwch
gwylaidd o fuddugoliaethus.

Pysgod Afon Oded

Cannoedd o bysgod yn driog yn y dŵr
budr, brown. Mor ddi-hid yw'r rhain
a'u cefnau duon yn batrymau cain
wrth dorheulo heddiw yn ddi-stŵr,

di-ofn, o flaen y byd sy'n ll'gada' i gyd
yn Kemper. Mae gwylio'r holl anadlu du
uwch wyneb llyfn y dŵr, yr anadlu hy,
yn syndod ac yn ddychryn ar wynebau'r stryd.

Ond, weithiau, ambell fflach o arian prin
sy'n profi unwaith eto fod eu cred
mewn cyrraedd glannau Penn ar Bed.
A hyn i gyd dan dyrau llan Sant Kaourintin.

Un dyn bach

Y mae desgiau, byrddau dysg i gyd
yn un chwys o ailgylchu:
traethodau, erthyglau a llyfrau llwch
yn ceisio, yng nghybolfa'r byd,

rhoi synnwyr ar bethau; a rhoi'r pethau
yn eu lle. Ac o roi'r pethau yn eu lle
grebachu ac ehangu ystyr, gweld gramadeg
weithiau'n rhwystr, weithiau'n rhyddid awel gre'

drwy wallt. A gresynwn nad yw dychymyg dyn
wrth agor y cloriau, yn amlach na pheidio,
yn ddim ond tystiolaeth o'i gamgymeriadau
a'i ddawn i'w hailadrodd; dawn llungopïo.

(yn ystod ei chyfnod yn arlunydd preswyl yn y Llyfrgell
Genedlaethol aeth Christine Mills ati i wneud bwrdd allan
o bapur wast y sefydliad)

Er Cof am y Tad John Fitzgerald O. Carm

i.

Rhywsut roedd sŵn y ceir yn dawelach heddiw;
doedd dim cymaint o stŵr gan y torfeydd ar y stryd,
roedd y siopau'n llai prysur, y meysydd parcio yn wag,
a sibrwd wnâi'r môr ei hun.

Nonsens yw hynny. Bu'r beirdd erioed yn hoff o or-ddweud;
yn hawlio fod natur ei hun yn galaru, mynnu fod daear
a charreg a phridd yn uno'n y galar.

Roedd strydoedd Aber yr un mor brysur heddiw yn blasu Nadolig
sy'n lliwio'r gorwel: torfeydd â bargeinion lond eu llygaid i gyd,
yn swrth a llawen, yn fodlon a blin, yn flinedig a llawn cyffro.
Doedd dim byd yn wahanol am Aber heddiw.

Anghofiwch huodledd chwil Ab yr Ynad.
Chlywch chi ddim craig yn hollti yn Eryri uchel y bardd.
Pan fu farw'r Gwyddel doedd dim anghyffredin
ym mesuriadau teclynnau'r tywydd.

Ond, mi roedd y môr yn wyllt yn Aber heddiw …

ii.

Mae Carmel yn dawelach, un yn llai
    a wna'r lle yn dristach,
    un yn llai yw'r fintai fach.

Tawodd deall a gallu mewn eiliad,
    mae ein holi'n methu
    a bedd yn hawlio lle bu.

Sut mae deall a'r allor yn weddw
    heb ei weddi rhagor?
    Gweddi wrth bob egwyddor.

iii.

Dim ond tawelwch sy'n nodi'r diwedd.
Trodd sibrwd pader a gweddi Mair
yn fudandod syfrdan darfod pob gair,
a'r tawelwch ei hun yn rawn gwirionedd.

Daeth taw – fel yna – ar bob athroniaeth.
Mae'r gerdd yn bod ar ryw ddalen wen.
Un eiliad i ddirwyn pob pregeth i ben.
Ond mae'r marw'n byw y tu hwnt i athrawiaeth.

Eiliad a gipiodd yr amserau llawen
fu'n gweld gwep ar ôl gwep ar y strydoedd blêr,
neu'n dadlau fod synnwyr mewn cyfri'r holl sêr ...
Un eiliad yn rhoi taw ar yr awen.

Ond eiliad ydoedd a gyflawnodd bob bwriad,
dwyn anadl ddaearol olaf y ffydd
fu'n ymgodymu â'r cyfan am y sicrwydd sydd
yn dweud fod y marw yn byw yng ngŵydd cariad.

Iwan (er cof am Iwan Llwyd)

Mae rhyw leuad ryfedd uwch clychau Llanbadarn
sy'n gwmni o fath wrth fentro am dro;
rwy'n cerdded drwy'r fynwent rhwng eglwys a thafarn,
rwy'n cerdded drwy synau'r holl feddau clo.
Fan hyn, lle bu Dafydd yn treulio'r offeren
yn sylwi ar ferched, yn gweithio cân,
yn gwasgaru holl lwch y ffyrdd hyd ei awen,
yn gweld adar, yn troi dychan yn dân.
Ond heno mae rhyw gar yn sgrialu heibio,
mae'r coedydd yn ddu a'r neon yn dew;
ni chlywaf un cywydd gan rai sydd yn rhuthro
a gêm i'w gwylio ar SKY yn y Llew.
Mae rhyw leuad ryfedd uwch clychau Llanbadarn
ar noson unig yng ngwres canol Mai;
mae'r byd wedi newid rhwng eglwys a thafarn
a 'nghrebwyll innau ryw fymryn yn llai.
Mae cloch fyny fan'cw sy'n trydar ei melltith,
ac un arall, daerach, yn canu d'athrylith.

Manceinion / Manchester Piccadilly

(cerdd a ddarllenwyd yn Aberystwyth fel rhan o'r
daith i gofio am Iwan Llwyd)

Fel hyn y dylai fod ar feirdd: bod yn gaeth ar drên,
ynghanol swn teuluoedd blin a chwn
llawer rhy beryglus. Maen nhw'n
un enghraifft, y fam yn hen

ac yn gweiddi ar y ddwy o hyd,
ac ar y ci; a phob un sgwrs yn troi yn ffeit
gan nad oes neb yn deall, cweit,
y lleill drwy acenion cras eu rhan fach hwy o'r byd.

Ac ar y trên, mae'r dadlau'n un cresiendo mawr:
rhegfeydd sy'n atgoffa'r ddwy o'u hach.
A gwelaf olion clir eu camau bach
drwy'r olion bwyd ar lawr.

Ond maddeuwch i mi ddweud rhyw gelwydd bach:
nid ar y trên oedd hyn, ond dan ryw bwt o loer
yng ngorsaf drenau tref Amwythig oer.
Yno y clywais i regfeydd eu strach;

a hithau'r fam yn bygwth ambell waith
ei thaflu ei hun, a'i beichiau, ar y rêls
o flaen siopwyr hwyr y pnawn yn ôl o'r sêls;
a'i merched ifanc unwaith eto ddim yn deall iaith

ei bygythiadau chwyrn, eithafol, hi.
Mae heddiw iddynt hwythau'n hwyl i gyd,
yn gotiau smart a chapiau lond eu byd.
A hwyl yw dicter swnllyd cyfarth ci.

Ond beth yw pwrpas bardd mewn lle fel hyn?
Ai sylwi ar y diffyg deall sy'n y byd?
Ai ad-drefnu'r ystyr sydd i'r geiriau hyn i gyd?
Neu, efallai, grio uwch diniweidrwydd plant a'u llygaid syn?

Pennawd

Gadawodd hithau'i phapur ar ei hôl,
er clirio'i phethau'n dwt, a gwenu'n glên,
a gwthio'i hun a'i bag – ymlaen a 'nôl –
cyn camu i'w rhyddid oddi ar y trên.
Cydiais ynddo, a gweld bod yn yr inc
staen holl amheuon ei dehongliad hi
wrth fodio'r stori flaen, tra'n gwrando tinc
y rhagfarn sy'n y print. A dyna ni.
A nawr rwy'n gweld gorsafoedd un ac un
a'u stori'n niwl, a thrwy'r ffenestri baw
mae trefi a phentrefi'n ffurfio'n llun
aneglur – ar daith rhwng heulwen a glaw.
Mae'n amser twtio 'nhrugareddau lu;
rwy'n edrych i lawr ar fy mysedd du.

Iaith

(i Erwyd Howells, bugail)

Pan gipia'r gwynt dy chwibanau taer,
dim ond y cŵn all ddeall dy ramadeg
rhwng cromfachau'r mynyddoedd;

dim ond y nhw all gynnig clust
mewn corlannau uchel, a chlywed
cawod law dy lais; mae'r brwyn yn ddyfynodau

i gyd, a sigl eu hansicrwydd o dan gwmwl du.
A dim ond y nhw sy'n driw hyd ddiferion
a chanmoliaeth llaw dy atalnod llawn.

Pan gipia'r gwynt dy chwibanau taer,
mae pawennau'n gadael rhai brawddegau blêr
ar femrwn oer a gwlyb dy fynydd di.

I Merêd (a'i ddwy wedd!)
ar ei ben-blwydd yn 90

Y mae rhyw wefr o gael Merêd o hyd
    yn ei hwyl yn galed,
    yn cario awch llymaf cred;
    dyn na ŵyr ddawn dynwared.

Merêd y creu a'r dadleuon, Merêd
    am ryw hyd yn fodlon;
    ond Merêd y dymer hon
    a ddwed ein holl freuddwydion.

Ac yna, Merêd ddaw wedyn i'r bwlch
    pan fo'r byd yn ddychryn
    â'i wên daer, gan gynnal dyn
    yn ei hagrwch a'i ddeigryn.*

Ond mae rhai, a dyna Merêd, â gwên
    lond ei gân uniongred;
    gŵr y croeso agored,
    dyn all weld ein hyd a'n lled.

(*Wedi gweld Merêd yn sgwrsio â gŵr ifanc, cwbl
ddieithr iddo, oedd ar fin mynd o flaen ei well wedi ei
gyhuddo o drosedd dreisgar. Daeth yn ôl atom ni gan
ddweud 'Hen hogyn iawn yn y bôn!')

'Culloden via Tesco'

Eironi, fe ymddengys,
yw dawn a gorchest
trefnwyr gwasanaeth bysus
Dinas Inverness.

Creision

O wrando ar y llais sy'n brwydro'n swil â'r *tannoy*,
dynes ddu yw rheolwraig siop y trên
wrth adael gorsaf Euston heno.

Ond, at ei gilydd, yr un yw neges hon
â phob un arall yn ei swydd, sef dymuno i ni, bawb,
gael siwrne dda, a brolio'i chargo.

Ac, wrth reswm, nid oes amrywio ar yr ysbail honno:
diodydd poeth ac oer, brechdanau, rholiau o bob math,
papurau newydd a chylchgronau fil.

A siocled. Ond, wedyn, un peth arall.
Yr olaf beth ar restr hirfaith hon –
ond, ysywaeth, heb ei dreiglo – ydoedd 'crips'!

Ias

Bu rhywun arall fan hyn wrth y bowlen ffrwythau
yn byseddu'r orenau, yn bodio'r croen: y rhychau bychain
sy'n bantiau cynilach, bron, nag anadl yr un a fu yma.

Bu rhywun yma'n cydio ynddynt, yn anwesu bydysawd eu bodolaeth.
Yna'n gwasgu'n dyner, rhwbio'r sudd yn goch ar flaen ei bysedd;
o dan ewinedd. Lliwio'r croen. Ac arogli'r ffrwyth â llygaid cau.

A welodd rhywun yn nhawelwch di-sôn-amdano'r weithred hon
wrth basio heibio'r bowlen hardd a'i llond o orenau
fod ambell i ffrwyth – un efallai – eisoes wedi cleisio?

Gwydrau

(tair mil yn llai o siaradwyr rhugl eu Cymraeg
bob blwyddyn)

Ar fwrdd bach crwn yng nghornel eitha'r
dafarn fechan hon, mae olion y gyfeddach.

Mae'r gwydrau hanner llawn yn aros gyda'r
bagiau creision gwag a'r briwsion

yn eu pyllau cwrw, blêr. A minnau'n fud,
mae sgwrsio diarth – diarth? – gwyllt y lle

yn gylchau'n gryndod yn fy ngwydr peint,
yn fatiau cwrw llipa, da i ddim. Efallai, wedi'r cyfan,

a hithau bellach yn stop-tap, fy mod yn gweld
y gwydrau hyn yn hanner – hanner? – gwag.

Riga

Mae yna fandaliaid yma'n Riga hefyd.
Asbos bach nad yw'r hynafgwyr
yn eu deall. Fel y rhain fan hyn
sy'n llusgo'n feiddgar
wrth gefn y tram-ar-gychwyn;
ac yn ceisio malu'r ffensys du a gwyn.

Ac mae yna dwr o gynadleddwyr parchus,
tramorwyr i gyd,
wrth fy ochr yn fan hyn yn gwylio
o'r tu ôl i'w sigaréts;
gwylio a lled-wenu, heb deimlo'r hen, hen
reidrwydd cynnil hwnnw
i ysgwyd pen.

Ac mae'r cwrw hwn – Aldaris – yn gwrw
ac yn gwmni da ar deras braf
y Maritim Park Hotel yn Riga.

Damwain

Yng ngolau heulwen wan yn ymyl ffordd
mae swae petalau'n diffodd, ac mae sŵn
y ceir diaros fel ergydion gordd
ar wib o hyd. O bell, daw cyfarth cŵn,
ac yn yr awyr las awyren wen
yn rhuthro'n araf eto ... ond i ble?
Daw ambell bwl o wynt, a'r stanciau pren
yn siglo'n ôl a 'mlaen yn sownd i'w lle.
Pan ddaw teuluoedd yn eu ceir ar drip
a digwydd pasio'r man, rhwng cân a ffrae,
fe sylwir ar betalau'n lliw mewn cip
yng nghornel llygad, drwch ffenest o'r gwae.
Yng ngolau heulwen wan nid oes ond llond
y lle o ddigwydd, a phetalau stond.

Gwerthwr *Big Issue*
(Caerdydd, Nadolig 2010)

'My psychiatrist tells me I must get rid
of all of my Issues'

Ar gân y mae hwn yn gwerthu!
Ni all holl oerfel blin Caerdydd
amharu dim ar ysbryd hwn
a'i swp o *'Issues'*.

Mae'r ddinas hithau'n llawn prysurdeb
pnawn dydd Gwener, a'i haddewidion fil
am bartïon gwyllt y swyddfa; sydd tu hwnt i hwn
a'i swp o *'Issues'*.

Gwŷr a gwragedd, rhai myfyrwyr,
siopwyr, plant, stondinwyr unnos
yn siarad, ffraeo, chwerthin, ac weithiau'n
clywed cân y dyn a'i swp o *'Issues'*.

A minnau'n dewis peidio prynu heddiw,
yn esgus, ar fy llw, mai ffor'cw dwi am fynd;
sef dewis, unwaith eto, y ffordd arall heibio
i gân y dyn a'i swp o *'Issues'*.

Cliché

Fel y bydd diwinyddion munud gron y radio'n
gweld bywyd, a chymhlethdod hwnnw'n debyg iawn
i nionyn, rwyf fi, 'run peth bob tro, wrth wrando

ar y darn hwnnw ryw ychydig cyn diwedd
symudiad olaf pumed symffoni Shostakovich
sy'n bygwth ildio i rialtwch, gorfoledd a llawenydd pur –

weithiau, ar ôl rhyw bwyllgor dieflig arall, neu ryw alwad ffôn,
neu wrth synhwyro anfodlonrwydd rhyw-un am ryw-beth a wnes –
yn gaeth i ymateb croch y cyrn a'r llu trombôns

yn eu cyndynrwydd mawr, yn sŵn pob cord sy'n gwrthod ildio
i'r gorfoledd hwnnw; y cordiau chwithig, croes. A minnau'n methu deall
grym y rhwystrau hyn. Methu deall y gynghanedd a'i gorfoledd tyn.

Calfaria

Fe sgwenna i soned, heb wybod pam,
a mentro eto'n ara' deg drwy'r nos
fel niwl yn bwyllog drwyddi, gam wrth gam,
yng nghysgod tair croes wag ar frig y rhos.
Rwy'n gweld brawddegau fel unffurfiaeth tai;
tawelwch heno sy'n ramadeg gaeth;
sŵn melancolia glas capeli clai
yn cau â chlep cyfrolau trwm. Ta waeth.
Mi wn fod mwy nag ystyr yn fan hyn,
nad absenoldeb llwyr yw gweld bron neb
â goleuadau'r tai i gyd ynghynn.
Rwy'n deall fawr ddim byd ar noson wleb
ond hyn: fod dau neu dri yn cwrdd o hyd
gan hel sibrydion o dan lampau'r stryd.

(mewn ymateb i waith Anthony Evans, *Calfaria*, ar
gyfer arddangosfa Lluniau Ffydd, Canolfan y Morlan,
Aberystwyth 2011)

Cofnodion Philip Larkin

(i Andrew Green ar achlysur ei ymddeoliad fel
Llyfrgellydd Cenedlaethol)

'The minute as an art-form has its limitations' – Philip Larkin

Prin yw'r awen sy'n perthyn i gofnod.
Prin yw'r golau rhwng y cloriau coch
sy'n llechu'n eu swildod a'u dilladau newydd
yn llonyddwch purdan silffoedd eu gofod
a'r inc yn sych ar hen gynlluniau croch.

Cau'n glep pob cyfathrach â phobl,
y siomi gan rai, rhyfeddu o hyd at y lleill
â'u hawydd i wrando a gweithio a gwneud.
Cau'n glep ar fwrn y farn afresymol
sy'n gwrthod yr athrylith oedd am ryw hyd ar y gweill.

Rhwymo'r paham a'r penderfyniadau,
rhoi masg ar y ffraeo a'r *egos* blin.
Cau cegau'r rhai hynny a fynnai'n syrffedus
weld cyfleoedd yn gyfle i ddadlau.
Dim sôn am freuddwydio am ffag, *jazz* a gwin.

Rhoi taw ar resymeg llunio rheolau
a'r oriau a dreuliwyd uwch manion y rhain.
Cael trefn catalogau ar staff a darllenwyr.
Dim syniad gan rai am wreiddioldeb cynlluniau.
Dim lle i fân-siarad na stiletos main.

Prin yw'r awen sy'n perthyn i gofnod,
ond yn y cofnodi roedd stori i'w dweud;
stori'n gynildeb fel cerdd heb gael tafod.
A heibio'r llenni a'r diwrnod ar ddyfod
mae gan lyfrgellwyr, fel meddygon, eu gwaith i'w wneud.

Portu-gain

Portu-gain oedd enw'r tŷ – tŷ stryd gefn
a'i llond o gysgod rhag yr haul, a ni
sydd newydd gyrraedd eto'n chwilio trefn
ar symud ac ar gynllun, yn ein sbri
yn taro ar y lle wrth basio. Ond,
mae grwndi'r môr a mwmial trwm y stryd
fel llais Ruth Barker yn ein taro'n stond,
neu weithdai'n cofio am amgenach byd.
A beth yw pwrpas teithio? Mentro barn
dros gwrw oer a chinio ar hen sgwâr
wrth rwygo bara'r lle a llowcio darn
o gigach oer – mor ddiawledig o wâr;
ac ildio'n y diwedd i wrando sain
y môr ei hun yn canu Portu-gain.

Plant Donostia

Mae'r plant i gyd, a'u sŵn, yn chwarae yn fan hyn,
rhwng clytiau bach o byllau dŵr

rhyw dipyn glaw y bore. Fe hoffwn gadw'r cyffro hwn;
y cegau gwên, y sioc, y dipyn braw

a'r sgrechiadau hwyl. Fe hoffwn gadw diniweidrwydd
braf y llygaid mawr, y chwilio cwtsh

a sicrwydd llaw. Fe hoffwn gadw llun o'r rhain
mewn hanner cylch ar lawr yn gwrando ar y stori

fwyaf un. Daw rhywun heibio'n bwrdd a'i wisg yn llaes
a gwyn i gyd, yn wyneb paent, i chwilio cardod

lond ei gwpan blastig fach. Rwy'n gweld yng nghefnau cilio'r plant
y cilio mwy a geir ym mhrifio, ac ym mrifo

ifanc, hen eu hannibyniaeth barn.

Munud i Feddwl

Bydda i'n meddwl weithiau fod bywyd
yn debyg iawn i ddal bws
yn Donostia.
Mae gan bawb syniad go dda
i ble'r hoffen nhw fynd – Hondarribia
yn yr achos hwn – ond pa fws?
Pa rif? Pa arhosfan?
Pa ochr i'r stryd hyd yn oed?
A sut, wedyn, yn enw popeth,
yng nghanol gorffwylltra poeth y lle hwn
mae codi tocyn?

Callio peth rhag sŵn y traffig
a sipian unwaith eto
o gwpanau bach
y coffi cry'...

Bore da.

Ray Gravell (adeg ei salwch)

Wyt yr enaid tirionaf; wyt ein nerth;
    wyt ein hwyl. Er gwaethaf
    yr ergydion creulonaf
    wyt gawr o hyd. Ti yw Graf.

Y Machlud yn Aberystwyth

Nid yw yr un o'n doeau na'u hanes
    ar wyneb y tonnau;
    marw un yw'r amrannau
    unig hyn, fel heddiw'n cau.

Hanesydd
(David Irving)

A gofynnodd am ddogfennaeth burach
    na siamberi haniaeth
    oes yn ôl, a hyn sy'n waeth –
    daweled y dystiolaeth.

Graf

O'n i'n iawn? yn gwestiwn o hyd gan Ray,
    gan roi'r wên ddisymud;
    ei afiaith yn ofn hefyd
    a'i ofid o'n gyffro i gyd.

Cyfieithu

A gwe'r garthen mor denau, erbyn hyn,
    rhy hawdd llacio'r pwythau,
    i beri i holl nyddu brau
    ein diwylliant droi'n dyllau.

Yncl Bledd

Bledd, yr addfwynaf ei lafar, a'i ddweud
    yn ddweud diymhongar;
    carodd yntau'r geiriau gwâr,
    ac o'i ôl mwy yw'n galar.

Coedwig

Od o hawdd oedd mynd iddi yn ifanc
    a'r haf ar fy ngwar i,
    ond anodd dod ohoni
    â hi yn fawr ynof i.

Moncontour

O, *mon dieu*, mae'r mynd a dod ara' deg
    yn rhy daer i'w wrthod;
    ac mae'r haf eto'n trafod
    y lôn bert, dawela'n bod.

Rhwyd

Ella y caf drwy'r tyllau hyn i gyd
    fan gwan, lle mae'r edau
    yn fôr hallt cyfan o frau,
    yn iaith tu hwnt i'r pwythau.

Argyfwng

Sylwa, does neb yn Seilo; aeth yr haf
    trwy byrth Rhufain, rywdro;
    ond o'u mewn, gwranda, mae O,
    mae O 'i hun yn amenio.

Gelyn

Na, nid blawd ond bwledi oedd ein rhodd,
    a'n rhoi'n llawn haelioni;
    ond o'r rwbel dychweli
    yn ddi-ddweud i fy lladd i.

Lili Thomas

Er ei heiddilwch roedd grym arddeliad
yn ddur o dyner drwy'i holl gymeriad,
ni wnâi ryw dwrw er berw'i bwriad
a nyth ei haelwyd oedd pob etholiad.
Wylo hir â darn o'n gwlad a'i holl liw'n
marw heddiw, ond nid ei hymroddiad.

I Dafydd Wigley
(ar achlysur ei ymddeoliad fel
Llywydd y Llyfrgell Genedlaethol)

Mae Caer yn Arfon yn ymyl tonnau
a hen Faes i iaith y Cofis hwythau;
yno, gwylanod sy'n hwylio'r glannau
yn dwrw o iaith dros Lŷn a'i draethau.
A rhith y chwarel hithau yn y tes,
byw yw ei hanes a sŵn cabanau.

Mae gŵr o Arfon, un gŵr aflonydd,
a'i her i'r taeog mor daer â'r tywydd,
yn rhoi i ni freintiau her o'r newydd,
a suo'r meini wna'r llais o'r mynydd.
Yn dy afiaith di, Dafydd, wyt gryfder,
eto'n hyder, wyt lawer, wyt Lywydd.

Siom

(i'r rhai na fentrodd
i Eisteddfod Glyn Ebwy)

Rhy bell? Rhy werinol, ella? Rhy ddu
yw'r ddaear lawr fan'ma
i'r rhain sydd am wadu'r ha' –
rhesymeg aros o'ma.

Glyn Ebwy

Gwn yn iawn fod gen i waith i gynnal
y gân yn ei hafiaith,
gan dynnu'r hen o'r heniaith
a byw'r ias fel Ebwy'r iaith.

Englyn dideitl

Mae'r Dolig ar bob brigyn eto'n goch.
Wyt ti'n gweld? Ty'd, wedyn,
lle mae'r eira'n gaea' gwyn
a daw haul yno i'n dilyn.

Brinley

(i Dr R. Brinley Jones ar achlysur ei ymddeoliad
fel Llywydd y Llyfrgell Genedlaethol)

Nid rhyw bwyllgor a'r oriau o drafod
  yw'r haf greaist tithau;
  gwyll i gyd yw llyfrgell gau,
  daw'r ias wrth agor drysau.

Pacio

Rhoi'r cyfan am fy nghanol yn dynn, dynn,
  a dweud yn derfynol
  am aberth hir fy mhobol,
  a'i ddweud yn hardd. Heb ddod 'nôl.

Dysgu Cynganeddu

Mynd ar ddêt nerfus eto,
bwyd a gwin mewn byd o'i go'
a chyffwrdd llaw yn dawel;
gwrando a sbio am sbel.

Nabod saib trwy beidio sôn,
oriau hud yn sibrydion
sy'n chwilio gwell llinellau:
diddeall yw deall dau.

Ond yn araf daw'n eirias –
feiolins a'r gwin a'i flas
sy'n mynnu rhannu, o raid,
eto synnwyr cytseiniaid.

Sara

Glaw Mehefin i'n blino,
a'i holl hyfdra gydag o
yn un haf o orlifo;

un haf nad yw'n Fehefin,
un haf blêr Gorffennaf blin
a haf heb werth na chwerthin.

Ofer rhuthro at rethreg,
ofer yw iaith, gair a rheg
na chwilio archaeoleg.

A ddylai Dolwyddelan
fyth eto gydio'n y gân?

A glywodd afon Conwy
iaith merch yn tewi byth mwy?

Ond pa dynged fu'n llacio'r edau?
A dwed, pa iaith fu'n datod pwythau?
Dwed nad darfod wna'r nodau na'u hafiaith
ym marw iaith dy amrywiaethau.

(er cof am Sara Branch, cyd-weithwraig a fu farw'n
ifanc a disymwth – merch alluog a chanddi lawer
o ddiddordebau, gan gynnwys archaeoleg, gwnïo a
chanu'r soddgrwth)

Eli

Roedd y llanw i mewn
a'r haul yn dechrau 'stwytho
at y sioe o fachlud.

Ac rwy'n gwylio gwefr wynebau plant
a'r cyffro cyfan sy'n trydanu cyrff
pan lania gwledd o sglodion
yn blateidiau mawr o'u blaenau,
yng nghysgod sŵn gwylanod
sydd yn hawlio briwsion blêr
y llecyn hwn ar lan y môr.

Ond mae dagrau hon
yn raean ac yn dywod cras
ar benliniau bychain, coch.
Ac rwy'n gwylio hud y dwylo hyn,
yr unig rai, all rwbio – fel 'tai'n lamp Aladdin –
a chanfod gwlad sy'n chwerthin,
byd sy'n sgipio eto.

Plygu

'I have been bent and broken, but – I hope – into a better shape.'
(Emily Dickinson)

Ar arfordir moel Ceredigion, ar gyrion y gorllewin eithaf,
ar y tir uchel uwchlaw Aber-arth a Llan-non, er enghraifft,
fe welwch chi'r coed – a ydynt yn haeddu'r enw coed? –

yn gwrthod edrych ar y môr, yn troi eu cefnau ar y tonnau
hyn sydd yn siarad mewn *legato* gwyn, y melodïau'n blygion
sydd yn tywallt yn ochneidiau ar y traeth.

Ond, fan hyn, pan fydd y gwynt yn chwipio'i gynddaredd
hen ar freuder rhisgl eu goroesiad ac yn rhwbio'r halen,
unwaith eto, yn y briw, mae'r swildod, mae'r lletchwithdod hwn

a'r ystum eisiau dianc – fel dynion ffatri Lowry yn eu cotiau tyn –
mae hyn i gyd yn 'styfnigo gwraidd yn wyneb stormydd blin
a cheir a charafanau a rhuo plygeiniol lorïau'r ffordd fawr.

Cartref

Byw'n hen yw dod i nabod
pob cornel tawel o'r tŷ,
y siffrwd-symud o'r unfan
drwy hen atgofion lu;

y co' fel llestri'n deilchion
patrymog ar hyd y llawr
a storïau'r malu hwnnw
yw'r un cydymaith nawr

mewn lolfa lawn; traeth helaeth,
a phawb â'u heneidiau'n stond
yn aros, aros am ystyr,
yn gregyn gweigion; ond,

ond yn y gragen honno
mae sŵn sydd yn llenwi'r byd,
sŵn chwarae, sŵn symud dodrefn,
sŵn tŷ sy'n chwerthin i gyd.

Trosedd

(ar ôl clywed am gyflafan gwbl ddiamcan
yng ngogledd Lloegr)

... ac yna'r nesa', ffermwr, sy'n digwydd bod yno,
yn digwydd bod yno'n torri gwrych,
yn digwydd rhoi trefn ar anialwch o dyfiant
mewn haf yn ei anterth a thywydd sych.

... hithau wedyn yn cario'i neges, yn digwydd
bod yno mewn pryd i gyfarfod â hwn,
i gyfarfod â bwriad hap y bwledi
ac amcan diamcan y gwn.

... a thro'r pensiynwr sy'n digwydd seiclo
a'i ofalon i gyd, fel ei ben, yn y gwynt,
sy'n digwydd ei gynnig ei hun yn ddifeddwl
wrth bedlo yn araf i'w hynt.

Un bore o haf, ac o ddigwydd a darfod,
ac eiliadau didrefniant yr oed
yn treiglo'n hamddenol nes fferru;
yn fferru fel bu'r hanes erioed.

Metadata 2

(ar achlysur ymddeoliad Dr Rhidian Griffiths
o'r Llyfrgell Genedlaethol)

Fel melancolia Kierkegaard, na allai ddeall
ymlyniad rhai at fiwrocratiaeth Hegel
nac unplygrwydd hwnnw'n mynnu nad oes i'r unigolyn rôl
tu hwnt i fuddiannau'r dorf, bod ymddwyn yn wahanol
a thu hwnt i'w unffurfiaeth o yn ddiwinyddiaeth fwngrel ...

Fel athroniaeth syfrdan Ian Rush dan haul Torino
yn swyn ei lifrai du a gwyn, mwya' sydyn yn deall
(waeth pa mor niwtral ydyw'r iaith wrth sgorio gôl)
fod y bobol, fod eu hiaith hwythau, fod ... fod y cyfan yn wahanol;
yn wahanol i Fflint, yn wahanol i Lerpwl. Wir, mae'n wlad arall ...

Fel catalogydd unig eto'n gaeth wrth ddulliau anfarwoldeb.
Rhoi trefn ar drefn, dwyn gwybodaeth am wybodaeth,
a'r dewis tyngedfennol hwn cyn paned ddeg: ai $a neu $b,
gan fod y gramadeg hwn mor fanwl benagored, sydd weithiau'n
agor drysau a ffenestri, weithiau'n cloffi pob athroniaeth.

SONEDAU'R MACHLUD

Môr a Mynydd

Mae Llŷn mor agos heno, ac mae'r byd
yn crwydro hyd y Prom; cariadon chwil
yn sibrwd fel yr haul, a chaeau ŷd
yw'r tonnau'n siffrwd yn y Bae, a mil
a mwy o straeon a hanesion sydd
i'w hadrodd a'u hailadrodd ddechrau ha',
a phawb yn chwilio'n astud am ryw ffydd
o hyd, fel plant â'u gwenau hufen iâ.
Mae Llŷn mor agos heno, ond yr un
yw'r pellter heddiw ac yfory; does
ond symud disymud y dŵr, a'r llun
fan hyn yn newid dim o oes i oes.
Mae'r tonnau'n llepian y copaon pell
a phobol hyd y Prom yn cyfarch gwell.

Bai

Mae'r haul yn freuddwyd siwrwd hyd y dŵr
ger PD's Diner ar y Prom, a'r môr
digyffro'n dawel. Ond mae'r plant a'u stŵr,
y meddwyn, cŵn, gwylanod a'u *encore*,
y rhain i gyd, yn chwarae, sŵn a ffrae,
yn fygwth ac yn gyffwrdd tirion, clòs;
a minnau uwch fy nghoffi ger y Bae
yn gweld y gwaethaf yn eu gwep, heb os.
A daw'r cariadon law yn llaw yn nes
â sŵn cymodi yn eu sgwrs, dônt draw
at giw y caffi, gyda'u tipyn pres
am eu tipyn cysur. Ond eto'r braw:
a'r machlud yn eu llygaid hwy a'r lleill
mae harddwch gwaedlyd arall ar y gweill.

Awr

Bu'r tri ohonom uwch ein peintiau'n fud
am awr yn gwylio'r machlud newydd hwn,
a dim ond swn a rheg rhyw Sais o hyd
yn fwrn. Sawl gwaith ddigwyddodd hyn? Ni wn.
Sawl noson dawel gyda'r môr ei hun
yn ddarfod llonydd ac yn hepian hardd,
gan guro'r artist fynnodd dynnu'i lun,
y rhegwr hwn o Sais ac ambell fardd?
Gall rhywun gynnig delwedd: rhosyn rhudd,
a'i holl betalau hyd y tonnau'n fflam;
neu ymroi â phaent, ond pa ddiben sydd,
heb sut na phwy i'n poeni, dim ond pam?
Mae'n awr o aros y diflaniad chwim,
a waeth i minnau ddechrau rhegi, ddim.

O'r Castell

Daw rhai yma i ymladd cleddyfau. Pa
synnwyr sydd i'w sŵn, a pha ddiben, wir,
i'r cotiau hirion hyn i gyd? Mae'n ha',
ac mae 'na rai sy'n sgwrsio'n ara', hir,
yng ngwres yr haul; ac eraill, wedyn, sydd
yn gweld y byd trwy lyfr, neu wydrau gwin,
gan flasu heulwen *Pinot Grigio*'r dydd
ynghanol sŵn y rhain sy'n ail-greu'r drin.
Ac yna'r plant. Gweld cynllwyn wna y rhain
i ddod â therfyn sydyn ar eu hwyl
cyn sodro'r cleddyf ola' yn ei wain
a diffodd golau ar ddathliadau gŵyl.
Nid oes i'r machlud unrhyw harddwch nawr
yn sgil dileu rhyw ddiniweidrwydd mawr.

Promenâd

Pan welodd Auden swae y dorf yn llun
a lanwai stryd ei ddinas hudol ef,
ai fel hyn oedd pethau? Ddiwrnod yn hŷn,
môr o wynebau hyd ymyl y dref
yn sisial a dal dwylo. Pwy a ŵyr
pa draethau sydd yn llenwi'r llygaid hyn
a beth yw'r gweld wrth gamu tua'r hwyr,
ond dyma harddwch sy'n fy nharo'n syn.
Ar noson braf fel hon rwy'n eitha siŵr
y gallai'r dorf droi'n araf am y traeth
a chamu hyd y gemau sy'n y dŵr
gan gyffwrdd eto dân y dydd a aeth
i'w ddarfod unig, i'w orllewin du,
a'i ddiffodd yn addewid am a fu.

Wrth fedd fy mrawd

Nid y fo yw'r diweddaraf bellach.
Daeth rhagor yn eu tro i orwedd
o dan arolygon tymor hir
o wynt a heulwen a glaw.

Mi welaf innau o fan hyn y siop
sydd wedi cau ers tro;
eglwys – hen, hen eglwys – capel;
Llys Awel, ein tŷ ni, lle mae eraill
bellach yn byw; a heibio'r tŷ,
Lôn Fain, a'i hwyneb yn dyllau
ac yn raean i gyd.

Atgofion chwys a gwaed a mwyar duon.
Synau antur newydd bore braf,
a'r llusgo'n ôl gan oglau
addewid hwyr o swper.

Roedd hi'n llawn gan addewidion: am y Ceunant,
am y Fron a'r Ferwig, am y Garn ei hun.
Y copaon pell …

Ond yma, heddiw, dan fy nhraed,
daw'r sylweddoliad nad y fo,
fy mrawd bach,
yw'r diweddaraf bellach.